AF299786

CONVENTION NATIONALE.

DE
L'HUILE DE FAÎNE.

Par J. A. BOUDIN, député par le département de l'Indre à la Convention Nationale.

IMPRIMÉ PAR ORDRE DU COMITÉ DE SALUT PUBLIC.

Nécessité est mère d'industrie.

CITOYENS-COLLÈGUES,

On ne peut répandre l'aisance dans la masse générale d'une nation de vingt-cinq millions d'hommes libres, sans y occasionner en même temps une plus grande consommation de comestibles.

Au nombre des comestibles qui sont devenus des

A

objets de première néceffité, on doit compter les huiles, fur-tout celles qui s'emploient dans les alimens.

Jamais la quantité d'huile d'olive que l'on recueille en France ne pourra fatisfaire à nos befoins ; & rien n'eft plus dangereux que d'y fuppléer, comme on le fait, par des mixtions auffi défagréables au goût que contraires à la fanté.

Heureufement il exifte au milieu de nos forêts une fource d'huile auffi abondante que falutaire; je parle de celle que donne la faîne, qui eft le fruit du hêtre ou fouteau.

Je ne crains pas d'avancer que la récolte actuelle donnera plus d'huile que nous n'en pourrons confommer pendant plufieurs années. A l'exception de la ci-devant Provence & de quelques autres cantons, la plus grande partie des départemens renferment une immenfe quantité de hêtres : les Pyrénées & les Alpes en font couvertes. Tous les arbres de cette efpèce font furchargés de fruits; & vous n'avez pas oublié ce que l'on vous a dit, il y a quatre jours, que les forêts d'Eu & de Crecy donneroient cette année plus d'un million de facs de faîne. En 1779, une portion feulement de la faîne recueillie dans la forêt de Compiègne a fourni plus d'huile qu'il n'en faudroit aux habitans du pays pour un demi-fiècle. Que feroit-ce donc fi l'abondance extraordinaire, maintenant à l'abri des intempéries, étoit par-tout fcrupulement convertie en huile?

J'ignore fi l'ufage de cette huile eft ancien : mais depuis le commencement de ce fiècle, les propriétés de la faîne ont été, à différentes reprifes, l'ob-

jet des méditations de l'obfervateur agricole. En 1779,
1781 & 1784 il parut à ce fujet plufieurs mémoires
très-intéreffans ; & déjà deux fois un membre de votre
comité d'agriculture a fixé votre attention fur la poffibilité d'obtenir de bonne huile de la faîne & des pepins de raifin.

L'huile extraite de ces pepins m'étoit inconnue :
mais pendant les vingt premières années de ma vie,
j'ai mangé rarement d'autre huile que celle de faîne.
J'ai même été long-temps dans la perfuafion que ce
fruit étoit employé par-tout au même ufage. Il ne
l'eft pas dans la portion de la France qui eft au midi de
la Seine ; il fe borne même à un petit nombre de
cantons dans les départemens qui font au nord de
cette rivière ; & ce n'eft que depuis deux ans qu'on
ramaffe la faîne de la forêt de Senlis pour la convertir en huile.

Il eft cependant conftaté que l'huile de faîne, quoiqu'extraite par des méthodes vicieufes, ne le cède en
rien à l'huile d'olive. En effet, fi l'huile d'olive nouvelle eft plus agréable que celle de faîne, le temps
lui ôte de fon prix ; l'huile de faîne, au contraire,
s'améliore en vieilliffant ; elle peut fervir en fortant du
preffoir ; elle eft délicate à cinq ans ; elle fe foutient
à dix, à vingt ans & au-delà.

Vous avez fous les yeux, citoyens, plufieurs bou-
teilles de cette huile extraite des récoltes de 1791,
1792 & 1793. Une portion eft telle qu'on la trouve
chez les riverains de la forêt de Compiègne ; l'autre a été limpidifiée par la feule expofition au foleil
pendant deux heures. Je vous invite à emporter quelques onces de cette huile pour l'examiner avec attention, & vous affurer de fon goût & de fa qualité ;

vous n'aurez pas de peine à concevoir de quel degré de perfection elle seroit susceptible si elle étoit soumise à de meilleurs procédés.

Comment se fait-il, demandera-t-on, que l'huile de faîne, étant d'une aussi bonne qualité, l'usage en soit aussi peu répandu? On peut en indiquer plusieurs causes. Par-tout où l'on s'est trouvé suffisamment approvisionné d'huile d'olive, on n'a pas senti la nécessité de recourir à celle de faîne. Il étoit plus simple de continuer à se servir d'un comestible que l'on se procuroit facilement, que de chercher à le remplacer par un autre dont on ignoroit la propriété.

Dans le nombre des auteurs qui ont écrit sur l'huile de faîne, plusieurs lui ont attribué des qualités malfaisantes. Danty-d'Isnard consigna dans les mémoires de l'académie de 1726, que son usage fréquent occasionnoit des douleurs & des pesanteurs d'estomac. En 1762, le docteur Seelig fit une dissertation publique dans laquelle il prétendit que l'usage de la faîne pouvoit amener l'hydrophobie. Certes, ce n'étoit pas en répandant de pareilles alarmes qu'on pouvoit propager l'usage de l'huile de faîne.

Notre régime forestier a dû contribuer aussi à circonscrire cet usage dans un petit nombre de contrées, puisque par l'article XXVII du titre XXVII de l'ordonnance de 1669, *il est fait défense aux usagers & à tous autres d'abattre la glandée, faîne & autres fruits des arbres, les amasser ni emporter, ni ceux qui seront tombés, sous prétexte d'usage ou autrement, à peine de cent livres d'amende.*

Mais il est arrivé le moment de lever pour jamais les obstacles qui se sont opposés au développement de cette branche importante de l'économie agricole, de nous fouftraire à la pénurie d'huile, & de nous dégager du tribut qu'à cet égard nous payons à l'étranger.

La faîne eft un des premiers alimens offerts à l'homme dans l'état de nature. Elle a dû être fa principale nourriture pendant long-temps; elle étoit la plus facile à conferver pour fuppléer à l'abfence des autres. Que feroit donc devenue l'efpèce humaine fi l'ufage de cet aliment donnoit l'hydrophobie? Dans le vrai, la faîne n'incommode jamais ceux qui en mangent; elle eft même très-agréable au goût. Suivant Cornélius Alexander, cité par Pline, les habitans de Chio fe nourirent de faîne durant le temps d'un long fiége. La faîne eft le *gland* des poëtes & des hiftoriens, qui en font la feule nourriture des hordes fauvages & de plufieurs peuples de l'antiquité.

Cette épithète de gland, donnée à la faîne comme au fruit de toutes les efpèces de chêne, a pu éloigner encore l'idée de la convertir en huile. Pline eft peut-être le feul des anciens écrivains qui n'ait pas confondu la faîne & les glands, & qui ait diftingué les chênes communs des chênes verts & des chênes à liège, qui donnent feuls des fruits bons à manger. « Les glands, dit-il, font encore aujourd'hui la ri- » cheffe de plufieurs nations, même en temps de » paix. Ailleurs, dans les temps de difette, on réduit » en farine le gland après l'avoir féché, & on en » fait du pain. En Efpagne, l'ufage fubfifte de fervir » des glands au deffert; ceux que l'on fert cuits fous » la cendre font les meilleurs ».

D'après les auteurs de la Maifon-Ruftique, je pourrois dire que dans les temps de cherté on fait auffi du pain avec la faîne; mais c'eft une erreur qu'ils n'auroient pas commife s'ils euffent mieux compris ce paffage de Pline : Pour faire du pain avec la faîne, il faudroit la monder, ce qui avoit paru difficile jufqu'à préfent, au-lieu qu'il eft très-aifé de féparer le gland de fon écorce, & de le pétrir enfuite.

Au refte, il ne s'agit pas de faire l'apologie de la faîne quant à la nourriture de l'homme. Nous fommes trop loin de l'état de nature & du dénuement d'autres alimens pour que celui là nous redevienne jamais néceffaire J'ai voulu feulement détruire des préventions, laver nos ancêtres du reproche d'un goût bizarre, & démontrer que la faîne, confidérée comme aliment, n'a rien de défagréable au goût ni de contraire à la fanté.

Mon objet principal eft d'attirer toute l'attention de mes concitoyens vers la faîne, relativement à l'huile qu'on peut en extraire. Quand elle ne feroit pas d'une qualité fupérieure il faudroit encore ne pas la négliger dans un moment où les huiles nous manquent, & où la confommation qui s'en fait devient chaque jour plus confidérable.

Mais comme je l'ai dit, l'huile de faîne convient à tous les ufages de la table. Lorfqu'on la fubftitue à l'huile d'olive, les connoiffeurs s'y trompent; j'en ai fait l'expérience, & l'on ne doit pas en être furpris, car la faîne étant un fruit auffi fain qu'agréable pourquoi ne donneroit-elle pas une huile de bonne qualité ?

Quels regrets ne doivent donc pas être les nôtres d'avoir négligé jufqu'à préfent une des plus précieufes reffources que la bienfaifante nature offre à nos befoins ?

Dans l'état actuel des chofes, la faîne que produit

le fol de la République appartient ou à des propriétaires-particuliers, ou à la Nation, ou à des communes & des usagers.

On ne peut douter que si les propriétaires particuliers connoissoient tous les avantages qu'ils retireroient de leur faîne en la convertissant en huile, ils ne préférassent ce parti à celui de l'abandonner aux porcs, ou de la laisser perdre sous les arbres. Mais si on se bornoit à une simple invitation & à des instructions, il seroit à craindre que la plupart, dominés par l'habitude, ne continuassent à faire demain ce qu'ils ont fait hier ; tandis que si l'on profite de l'empire des circonstances où nous nous trouvons pour modifier leur jouissance, ils s'y soumettront, & les avantages qu'ils retireront cette année de leur faîne, les engageront encore à en profiter les années suivantes.

Je pense donc que sans blesser le droit de propriété, la Convention nationale peut interdire aux propriétaires particuliers la faculté d'abandonner la faîne aux porcs, ou de la laisser perdre, & de les obliger à la convertir en huile. Ils la ramasseront en tout ou en partie pour leur propre compte, ou ils s'arrangeront avec leurs concitoyens. L'impérieuse nécessité justifie cette modification de jouissance ; & si quelqu'un osoit la blâmer, je lui demanderois pourquoi les propriétaires de faîne seroient plutôt exceptés de la loi commune que les propriétaires de toutes les autres denrées ?

A l'égard de la faîne des bois nationaux, c'est à la Convention à en disposer de la manière qui lui paroîtra plus utile au bien général. Comme notre collègue Coupé, j'espère que dans les contrées où les riverains avoient l'entrée des forêts nationales on ne la leur interdira pas cette année. Mais la plupart des diſpoſitions prohibitives de l'ordonnance de 1669 ayant été maintenues par l'article IV de la loi foreſtière du 29 ſeptembre 1791, les adminiſtrateurs les font exécuter à la lettre, & croient qu'il eſt de leur devoir de ne laiſſer ramaſſer ni faîne ni gland. Il faut donc décréter formellement que les bois & les forêts qui ſont maintenant ſous la main de la Nation ſeront ouverts à tous les citoyens pour y ramaſſer des glands, des faînes & autres fruits ſauvages.

Je dis à tous les citoyens ; car ſi on reſtreignoit cette faculté aux riverains ſur la portion de bois compriſe dans le territoire de leur commune, il pourroit arriver que là où il y auroit beaucoup de faîne il ſe trouvât peu d'habitans, & qu'ils ne puſſent ou ne vouluſſent pas la ramaſſer. L'uſage actuel eſt que chacun recueille à ſa portée ſans diſtinction de territoire ; il ne faut pas le changer puiſque perſonne ne s'en plaint. D'un autre côté, circonſcrire les riverains dans les limites de leur commune, c'eſt leur créer un privilège excluſif, un eſpèce de droit d'uſage qui pourroit, par la ſuite, entraîner des inconvéniens ; tandis que ſi on laiſſe entrer indiſtinctement dans les forêts nationales tous ceux qui voudront ramaſſer des fruits ſauvages, il n'en réſultera pas plus de droit à un uſage quelconque, que le glanage n'en donne à la propriété d'un champ.

La Convention nationale doit s'expliquer auſſi ſur les adjudications de glandée qui comprennent la faîne & les autres fruits ſauvages. Il n'y a que les riches & les ſpéculateurs qui ſe préſentent à ces adjudications ; les citoyens qui n'ont point de porcs ou qui en ont peu ne ſauroient profiter de la glandée, & les adjudicataires ne leur permettroient pas de ramaſſer la faîne en concurrence avec leurs beſtiaux. Cependant comme la glandée est très-abondante, & que les agens forestiers trouvent toujours un bénéfice particulier à faire de ces adjudications, il faut absolument les interdire, au moins pour cette année (1). Le produit médiocre qu'elles procuroient ne mérite pas d'être mis en balance avec les avantages d'une immense quantité d'huile, si nécessaire à nos besoins.

Reste la faîne des bois communaux proprement dits, ainsi que celle des bois ouverts aux communes usagères. Une fois que l'on a reconnu la nécessité de convertir en huile la plus grande quantité possible de faîne, il est indispensable d'y employer celle-là comme les autres. Les usagers iront ramasser la faîne & le gland : ils feront de l'huile avec l'une, ils engraisseront des porcs avec l'autre. La classe la moins fortunée y gagnera, parce qu'il lui sera facile de profiter ainsi du droit d'usage dans sa plus grande latitude.

Enfin, pour prévenir toute espèce d'abus, pour empêcher que notre belle récolte de faîne soit employée à d'autres usages qu'à celui de l'extraction de l'huile, il faut, par une disposition générale & impérative interdire aux porcs, pendant deux mois, l'entrée des forêts, soit de la Nation, soit des usagers, soit des communes. Cette disposition donnera le temps aux citoyens de faire une ample provision de faîne, de gland & d'autres fruits sauvages. Il en restera encore assez sous les arbres pour fournir aux porcs une nour-

______

(1) Il y a 40 ans que l'on n'a fait des adjudications de glandée dans la forêt de Compiègne. Les chênes de cette forêt n'ont point de fruit cette année ; cependant, les administrateurs du district ont proposé à la commission d'agriculture de les autoriser à procéder cette année à des adjudications de glandée.

De l'huile de faîne, par J. A. Boudin   A 5

riture abondante pendant les quatre à cinq décades qui suivront ces deux mois d'interdiction.

Je m'attends à plusieurs objections.

La nature, dira-t-on, ayant destiné le fruit des arbres forestiers à leur reproduction, c'est l'empêcher que d'autoriser sans restriction le ramassage de la faîne & des autres fruits sauvages. Aussi l'article premier du titre XVIII de l'ordonnance de 1669 *ne permet-il de faire des ventes de glandée, que lorsqu'il y aura suffisamment de glands & de faînes sans incommoder les forêts.*

Cette erreur de physique n'est point la seule que renferme cette ordonnance qu'on a tant exaltée & qui à fait tant de mal; mais il est d'autant plus nécessaire de détruire celle-ci, qu'on la retrouve dans tous les nouveaux codes forestiers qui ont été proposés pour remplacer celui de 1669.

La faîne & le gland ne viennent guères que sur des arbres âgés ; les arbres épars en produisent plus que les massifs de futaie, & que les jeunes baliveaux sur taillis. Or, pour peu qu'on ait quelques connoissances forestières, on sait qu'il ne repousse rien sous ces arbres ; leur ombre fait mourir bien-tôt tout ce qui peut y germer. Aussi ne voit-on jamais dans les futaies que des individus du même âge, ou d'âges peu disproportionnés. La récolte d'un hêtre ou d'un chêne produit cent mille fois plus de fruits que n'en demande sa reproduction. Je suppose cependant qu'il fallût y laisser ceux d'une année : que deviennent ceux des années suivantes ? Et s'il est bien démontré qu'il n'en repousse jamais tant que l'arbre est sur pied, à quoi servent ces fruits abandonnés ?

On ne doit pourtant pas avoir oublié les persécutions que l'on faifoit fouffrir naguères aux malheureux riverains qui alloient ramaffer de la faîne & du gland dans les forets nationales. Les agens foreftiers regardent ces fruits comme leur cafuel; & l'ordonnance à la main, fous le prétexte de la reproduction des forêts, ils juftifioient les excès de leur malveillance. Ce font ces motifs qui m'avoient porté à demander la fuppreffion de la modification, au moins inutile, inférée dans l'article premier du décret que Coupé a fait adopter le 12 de ce mois.

Les forêts nationales feront perdues, dira-t-on encore, fi l'on en permet ainfi l'entrée à tous ceux qui voudront y ramaffer des fruits fauvages. Voilà comme on fe crée des monftres pour s'oppofer au bien public. La forêt de Compiègne eft une de celles où l'on ramaffe le plus de faîne : eh bien ! demandez fi c'eft pendant cette faifon que l'on y commet des dégats ? En effet, ceux qui vont à la faîne ne peuvent pas en même temps faire du bois & le rapporter.

Objectera-t-on encore que les citoyens, empreffés de jouir de la faîne & de la glandée, fe mettront à *flaber* les arbres, ce qui empêchera la reproduction des fruits les années fuivantes ? Je pourrois répondre que l'on flabe une grande partie des arbres francs, & même les oliviers, & que les arbres des forêts nationales, qu'on ne flabe point, ne donnent pas plus de fruits que les chênes des propriétés particulières, que l'on flabe ordinairement : ainfi l'objection tombe d'elle-même.

Mais quand elle feroit fondée pour les glands & les autres fruits fauvages, elle ne pourroit s'appliquer à la faîne. Lorfque la faîne eft en maturité, elle fe détache du chaton qui la renfermoit, qui s'eft

ouvert pour la laiffer tomber. Si on flaboit, la groffe
enveloppe tomberoit avec la faîne, les fruits qui
ne feroient pas en maturité fe confondroient avec
les autres ; on perdroit du temps, au lieu d'en gagner.

Il faut donc laiffer aux citoyens une entière liberté
dans le choix des moyens de ramaffer le gland, la
faîne & les autres fruits des forêts nationales. Chaque
méthode peut avoir fes avantages, fuivant les temps,
les lieux & les perfonnes. Lorfque les agens foreftiers avoient le droit de préférer leurs porcs & leurs
bêtes fauves aux riverains, ils ne fouffroient guères
qu'on ramafsât la faîne à la main, afin qu'il en ref-
tât davantage fous les arbres. Aujourd'hui qu'on ne
gênera point l'activité & l'intelligence des citoyens,
ils préféreront la méthode la plus expéditive. Le père
de famille ramaffera avec fa femme & fes enfans ; les
voifins s'arrangeront entr'eux ; les propriétaires particuliers, maîtres de leur temps & de leurs arbres,
pourront faire nétoyer la place, &, par ce moyen,
rendre le ramaffage plus facile.

Une femme peut, à la main, ramaffer par jour un
boiffeau de faîne, mefure de Paris, qui produit un
peu plus de deux livres d'huile. Deux hommes,
avec un crible, peuvent en ramaffer au moins douze
boiffeaux ; & l'on en ramafferoit plus encore par la
méthode ufitée dans la ci-devant Lorraine, de tendre
des draps fous l'arbre & d'en frapper & remûer les
branches. Une quantité de hêtres, prife en maffe,
donne par chaque arbre au moins trois boiffeaux
de fruits. Qu'on juge de-là de l'immenfe profit que
feroient les propriétaires particuliers, s'ils ramaffoient
leur faîne pour la convertir en huile, au lieu de la
faire manger à leurs porcs, lorfqu'ils ne la laiffent pas
périr fous les arbres !

Presque tous les fruits francs se gâtent lorsqu'ils sont cueillis, ramassés & serrés par un temps humide ; les olives sur-tout sont dans ce cas. La faîne ne craint point les intempéries de l'automne : on peut la ramasser par l'humidité comme par la sécheresse. Il suffit, pour la conserver, de la faire bien sécher ; ce qui se fait aisément en l'étendant sur des nattes ou de gros draps, soit au soleil, soit dans les rez-de-chaussée, soit dans les greniers.

Mais comme il est impossible de ramasser les bonnes faînes sans mélange de quelques mauvais grains, qu'il est au moins inutile de garder & soigner les uns avec les autres, & qu'en dernière analyse, il faut faire l'épurement, si on veut prévenir l'altération de la qualité de l'huile, voici le procédé bien simple qu'on emploie dans quelques endroits pour faire cet épurement. Avant de faire sécher la faîne pour la serrer, on la jette dans l'eau froide : à l'instant tous les mauvais grains surnagent ; on les ôte avec la main. Quoiqu'une partie des grains, répudiés par l'épreuve, paroissent sains à la vue, il est certain qu'ils sont gâtés intérieurement ; ce que l'on reconnoîtra au bout de quelque temps, si on a la curiosité de les conserver à part. Si on néglige cette précaution dans le principe, il est beaucoup plus pénible ensuite de séparer, soit à la main, soit au van, la mauvaise faîne d'avec la bonne.

Dès qu'on a fait rendre à la faîne toute son humidité, on peut la garder, comme le froment, des années entières : j'en ai qui a été ramassée il y a douze ans, & qui s'est bien conservée. La Convention nationale a sous les yeux plusieurs essais d'huile de faîne que la commission d'agriculture & des arts a fait extraire il n'y a que trois jours. La faîne se façonne encore dans l'enveloppe, se prépare à s'en séparer plus aisément, & par conséquent à faciliter l'expression de la partie hui-

leufe. Il s'en faut de beaucoup que les olives jouif-
fent de tous ces avantages ; elles fe gâtent bientôt,
fi elles ont reçu des contufions ; elles ne donneroient plus qu'une mauvaife huile, fi on tardoit à les
manipuler.

Il y a auffi plufieurs manières d'extraire l'huile de
la faîne. En certains endroits, on commence par tor-
réfier les faînes ; ailleurs, on fait l'expreffion à l'eau
bouillante. Dans les environs de la forêt de Compiègne, on la fait dans les mêmes uftenfiles & par les
mêmes procédés que celle de chenevi dont tout
le monde connoît l'odeur forte & infupportable. Les
premières faînes qui paffent au moulin, après le chenevi, ne donnent qu'une huile louche & grisâtre,
dont le temps n'améliore jamais ni la qualité ni la
couleur. Non-feulement on ne débarraffe pas toujours la bonne faîne des grains verreux ou gâtés
qu'on a ramaffés avec elle, on concaffe & on réduit
encore le tout en bouillie, en y jetant de l'eau,
ainfi qu'on fait le chiffon pour le papier ; ce qui
charge néceffairement l'huile de la partie aqueufe que
contient l'enveloppe de la faîne.

Il eft aifé de concevoir combien toutes ces méthodes doivent altérer la qualité de l'huile. Quelques-
uns ont attribué à fon effence une imperfection qui
lui eft étrangère ; mais d'autres ont été forcés de re-
connoître que l'huile de faîne gardée s'amélioroit,
& qu'elle finiffoit par perdre toute efpèce de qualité
nauféabonde, lorfqu'après l'avoir laiffé repofer quelque temps, on la tranfvafoit avec attention. Il étoit
aifé de conclure de-là que, par de bons procédés
on peut lui donner d'abord la perfection qu'elle ac-
quiert en vieilliffant.

Le docteur Oetinger est le premier qui ait soup-
çonné que les reproches faits à l'huile de faîne n'é-
toient dûs qu'aux méthodes vicieuses employées à
sa manipulation ; il s'est appliqué à en chercher une
meilleure ; il l'a trouvée : tout consiste dans le mon-
dage de la faîne. Il est bien moins difficile que celui
de l'orge, du froment & de l'avoine ; car ces grains
sont adhérens à la peau qui renferme leur farine, au
lieu que l'amande de la faîne est entièrement séparée
de son enveloppe.

Cette méthode auroit des avantages inappréciables ;
d'abord elle nous procureroit une huile de la meilleure
qualité, & dont on pourroit faire usage en sortant de
la fabrication. Les porcs qu'on engraisse à la faînée
ne donnent qu'un lard mou, jaune & difficile à conserver. Avec les procédés usités jusqu'à présent, le
marc qui reste après l'extraction de l'huile, ne peut
faire que des tourtes à brûler : par les procédés
d'Oetinger, ce même marc devient une nourriture
excellente pour les porcs & pour les animaux de
basse-cour ; ensorte que ceux qui tiroient parti de
la faîne, pourront réunir à l'avantage de se procurer
une quantité d'excellente huile, celui d'augmenter
plutôt que de diminuer leurs engrais.

C'est à la commission d'agriculture & des arts à profiter de cette occasion pour propager par-tout les
meilleures méthodes de convertir la faîne en huile :
l'objet essentiel en ce moment, c'est de la faire toute
ramasser & conserver avec soin. Il n'est pas nécessaire
que chacun sache en extraire l'huile. Combien peu
sont en état de moudre leurs grains ! Je ne doute pas
qu'il ne se trouve dans chaque canton assez de citoyens
qui s'adonneront à la manipulation de l'huile de faîne,

comme il y en a pour les noix, le colſat, le chenevi, &c.

Moins preſſés par les circonſtances & par des be-
ſoins impérieux, la prévoyance du légiſlateur devroit
ſe borner aux meſures que je viens d'indiquer ; mais
dans une entrepriſe nouvelle, il y a tout à redouter
de l'inſouciance & des mauvais calculs. Parmi ceux
qui ramaſſeront la faîne de leurs arbres, ou celle des
forêts nationales, il s'en trouvera qui craindront de
manquer des moyens de la convertir en huile, &
par conſéquent d'employer leur temps en pure
perte.

Raſſurons-les. Que ceux qui ne voudront ni convertir eux-mêmes leur faîne en huile, ni la faire convertir par d'autres, puiſſent la porter au chef-lieu de
diſtriĉt & en recevoir le prix à meſure des livraiſons.
La révolution a mis par-tout, à la diſpoſition des autorités conſtituées, des emplacemens immenſes où
elles pourront recevoir & conſerver les faines juſqu'à
leur converſion en huile.

D'après les renſeignemens que je me ſuis procurés
ſur les prix des faînes & des huiles dans les environs de
la forêt de Compiègne, depuis une vingtaine d'années,
je penſe que l'on peut offrir 20 ſous par boiſſeau comble, meſure de Paris, des faînes épurées par l'eau que
l'on apportera dans les chefs-lieux de diſtriĉt. Puiſque
dans une ſaiſon morte pour les travaux de la cam-
pagne, une femme peut, à la main, ramaſſer un boiſſeau par jour ; qu'un homme avec un aide peut, au
crible, en ramaſſer douze, & que ceux qui ſe ſervi-
ront du moyen employé dans la ci-devant Lorraine
peuvent en ramaſſer plus encore, il eſt aiſé de juger
que les propriétaires ou non propriétaires de faînes
auront grand intérêt à n'en pas laiſſer perdre.

La nation n'offrant d'acheter les faînes qu'afin d'ôter aux infoucians ou aux malveillans tout prétexte de les laiffer perdre, rien ne doit empêcher l'induftrie particulière de la convertir en huile. Il faut donc que toutes les fois que des fpéculateurs fe préfenteront pour reprendre à leur compte la faîne achetée pour celui de la nation, les corps adminiftratifs la leur faffent délivrer au même prix de 20 fous par boiffeau.

Si la nation ne doit pas gagner fur la faîne, en la revendant au plus offrant, elle ne doit pas non plus s'expofer à tranfgreffer le *maximum* en mettant l'huile aux enchères. Tous frais de fabrication déduits, cette huile reviendra à-peu-près à 15 f. la livre de feize onces. Comme elle ne peut être répandue trop tôt dans le commerce, les corps adminiftratifs la feront délivrer, à mefure de la fabrication, aux marchands & négocians qui la demanderont.

Forcés de tout rapporter à ce réfultat falutaire, de nous procurer promptement beaucoup d'huile de faîne & d'en propager l'ufage où il eft inconnu, nous devons y employer les moyens qui ont fi bien réuffi pour le falpêtre. Peu de perfonnes étoient initiées dans cette fabrication: aujourd'hui elle eft répandue & perfectionnée dans les petites communes comme dans les grandes. Arrêtons nous aux machines les plus fimples pour la fabrication de l'huile de faîne : qu'aux dépens de la République il s'en établiffe un certain nombre dans les endroits néceffaires. Envoyons-y quelques-uns des citoyens qui font au fait de cette manipulation; ils recevront des élèves choifis par les corps adminiftratifs, & en quelques mois, les meilleurs procédés d'extraire l'huile de faîne feront répandus par-tout.

Il faut aussi offrir aux particuliers des avances pour établir eux-mêmes, & pour leur compte, les moulins & machines propres à cette manipulation. Un bon gouvernement ne doit se livrer à des opérations mercantiles que lorsqu'il y a péril en la demeure, ou qu'il ne peut être suppléé par l'activité & l'industrie des citoyens. Il a toujours meilleur marché de leur faire des avances dont il est facile de s'assurer la rentrée par un cautionnement.

On n'objectera pas la dépense que l'emploi de ces dernières mesures occasionnera. Lorsqu'il s'agit d'une chose aussi utile, doit-on hésiter à faire quelques sacrifices ? Ne vaut-il pas mieux dépenser quelques millions dans la République, que de les porter aux étrangers, & nous exposer à manquer d'un des comestibles les plus nécessaires à nos besoins ?

Mais, pour ne rien laisser échapper du trésor inappréciable que la nature nous offre en cet instant, il n'y a pas un moment à perdre. Les chaleurs presque continuelles ont accéléré la maturité de la faîne, & la moisson & les vendanges nous laisseront de bonne heure des bras à employer. Empressons-nous de leur assurer d'autres travaux.

Il est temps aussi de dissiper les inquiétudes qui se sont répandues dans les endroits où l'on est dans l'usage de ramasser la faîne. On y croit que la Convention nationale va la mettre en réquisition, ce qui jette parmi la classe nombreuse un véritable découragement. Il ne cessera que lorsque l'on connoîtra les motifs de l'attention particulière, donnée aux moyens d'étendre l'usage de l'huile de faîne.

Laborieux habitans des campagnes, rassurez-vous !

Loin de reftreindre les avantages que vous avez trouvés dans le ramaffage de la faîne, la Convention tion nationale ne veut que les étendre & en faire jouir ceux de vos frères qui les ont négligés jufqu'à préfent.

Et vous, eftimables citadins, fufpendez pour quelques jours vos travaux ordinaires : profitez auffi de cette belle récolte pour vous affurer d'un aliment néceffaire. Que ce rapprochement avec vos frères des campagnes transforme ces rencontres momentanées fous le hêtre qui nourriffoit nos premiers pères, en autant de fêtes patriotiques !

Voici le projet de décret que je propofe.

PROJET DE DÉCRET.

La Convention nationale, après avoir entendu le rapport qui lui a été fait fur la poffibilité d'extraire du fruit des hêtres du territoire français une huile très-propre aux alimens, & dans une proportion fupérieure aux befoins de la République, décrète :

ARTICLE PREMIER.

Les propriétaires & poffeffeurs de hêtres ne pourront en abandonner le fruit aux animaux, ni le laiffer périr fous les arbres. Ils le feront ou le laifferont ramaffer pour être converti en huile.

I I.

Tous les citoyens font invités à ramaffer la faîne, le gland & les autres fruits des forêts & des bois appartenans à la nation.

I I I.

Les autorités constituées ne pourront faire aucune adjudication de glandée dans les forêts nationales. Celles qui auroient pu être faites avant la promulgation du présent décret, sont nulles & non avenues.

I V.

L'entrée, tant des forêts & bois nationaux que des bois communaux & usagers, est interdite aux porcs pendant les mois vendémiaire & brumaire (1). Les contrevenans seront punis par la confiscation de leurs porcs.

Pendant ces deux mois, les usagers pourront ramasser la faîne, le gland & autres fruits.

V.

Ceux qui ne pourront pas ou ne voudront pas convertir eux-mêmes ni faire convertir par d'autres leur faîne en huile, la porteront au chef-lieu de leur district où elle leur sera payée à raison de 20 sous le boisseau comble, mesure de Paris. La faîne ne sera mesurée qu'après avoir été épurée par l'eau.

V I.

Il sera incessamment établi, aux dépens de la République, dans les endroits convenables, des moulins & machines en suffisante quantité pour convertir la faîne en huile, par les meilleurs procédés.

---

(1) Par le décret du 11 de ce mois, l'interdiction cesse vers le 10 brumaire, qui est cependant l'époque où la faîne s'amasse avec plus d'abondance.

V I I.

En conséquence, la commission d'agriculture & des arts est autorisée à mettre en réquisition ceux qu'elle jugera les plus propres, tant pour exécuter ces moulins & machines & les mettre en œuvre, que pour instruire dans cette manipulation des sujets qui seront désignés par les administrations de district.

V I I I.

Si des particuliers se présentent pour reprendre des faînes achetées pour le compte de la nation, elles leur seront délivrées au même prix de 20 sous par boisseau.

I X.

A l'égard des huiles qui seront fabriquées pour le compte de la nation, elles seront mises dans le commerce, à mesure de leur fabrication, à raison de 15 sous par livre de 16 onces.

X.

Les administrateurs de district feront mettre en vente, à la chaleur des enchères, les presses & moulins à huile de faîne qui auront été établis aux frais de la nation, lorsqu'il leur sera fait, à cet effet, des soumissions par des citoyens solvables & intelligens.

X I.

Les particuliers qui demanderont des avances pour faire, à leur compte, des moulins & presses à huile de faîne, les obtiendront, sur l'avis des administra-

tions de diſtriĉt , & en donnant caution de les reſti-
tuer avant l'expiration de la troiſième année.

X I I.

Les diſtriĉts ſont autoriſés à fournir, ſans location,
à tous ceux qui auront de la ſaîne à ſerrer, des lieux
convenables à ſa conſervation, dans les biens nationaux les plus à la portée, lorſqu'il s'en trouvera à
leur diſpoſition.

X I I I.

La commiſſion d'agriculture & des arts eſt ſpécia-
lement chargée de l'exécution du préſent décret. Elle
fera diſtribuer & enverra à toutes les communes l'inſ-
truĉtion qu'elle a préparée ſur la fabrication de l'huile
de faîne.

X I V.

Les mémoires qui ont été recueillis ſur les propriétés de la faîne, ſeront réimprimés & envoyés à
chaque adminiſtration de diſtriĉt.

X V.

La Convention nationale compte ſur le zèle & les
efforts réunis des autorités conſtituées, des gens de
l'art & des bons citoyens, pour qu'il ne ſe perde
point de faîne dans leur territoire, & qu'elle ſoit ex-
cluſivement convertie en huile par les meilleurs procédés.

www.ingramcontent.com/pod-product-compliance
Ingram Content Group UK Ltd.
Pitfield, Milton Keynes, MK11 3LW, UK
UKHW020144080726
13614UKWH00005B/2404